ブイヨンとおとうさんと
にんげんのおかあさんのいえ
ぼち
かいしゃ
Book
おみせ
こうえん

Bouillon
TRADE MARK
Bouillon-the-dog thinks.

이 책은 〈호보 일간 이토이 신문〉의 '변덕쟁이 카메라' 칼럼에 실린 2006년부터 2007년 사이의 사진과 글을 모아 엮은 것입니다.

• 각주는 독자의 이해를 돕기 위해 덧붙인 옮긴이의 말입니다.

Original Japanese edition published by HOBONIKKAN ITOI SHINBUN.

브이용의 기분.

이토이 시게사토 지음
권남희 옮김

위즈덤하우스 북

산책 가요!

가요.
얼른 가요.
가자구요.
이제 가야 되잖아요.
밖에서는 기다린다구요.
브이용이랑 아저씨를요.
산책하러 가잔 말이에요!

클로버 바다에서

가랑비가 부슬부슬 내립니다만,
이따금 그칠 때도 있습니다.
이건 어제 사진인데요,
'클로버 바다에서'라는
이름을 붙여 보았습니다.

하늘을 날다

나는 브이용입니~다.
아주 잠깐입니다만,
하늘을 날았습니~다.
고도 10센티입니다.
슝~슝~ 날아갑니다.

정면

그러고 보니 정면에서
사진을 찍은 적이 없네.
일단 마네키네코[o]처럼
찍어 볼까나.
……좀 어중간한가?

[o] 한 쪽 앞발로 사람 부르는 시늉을 한 고양이 장식물

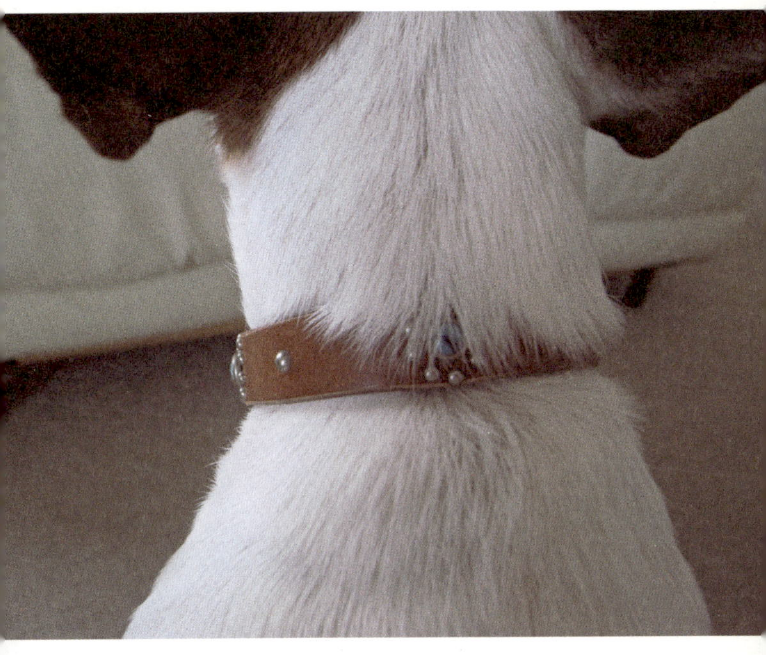

목줄

목줄을 싫어하지 않는 까닭은
왜냐구요?
왜냐
하~면~
목줄을 하면
그다음엔 산책이 기다리고 있거든요!

▲ 자고 있다

개들은
자고 있을 때,
대체로 얌전합니다.
그러나 세상에는 자고 있을 때
시끄러운 개도 있습니다.
코가 짧은 개는
코 고는 소리가 장난이 아닙니다.
그 소리가 말도 못하게 귀엽습니다.

◀ 꿈에서 만나요

귀를 뒤집고 잔다.
잔다. 졸리니까 잔다.
밝아도 시끄러워도 잔다.
내가 보고 싶으면 꿈에서 만나요.

▶ 눈을 떠 보았습니다

후후

매화에 개

'매화에 비둘기'라든가
'매화에 동박새'라든가
여러 가지 표현이 있지만,
진짜는 '매화에 개'죠.
얼마나 얼간이 같고 태평스러워 보이나요.

앗, 깜짝 놀랐다 song

앗, 깜짝 놀랐다.
앗, 깜짝 놀랐다.
부스럭거려서 깜짝 놀랐어~.
부스럭거려서 얼른 피했어~.

너무 더워

산책을 늦게 나가서
해님이 쨍쨍 뜨거웠어요.
브이용도 아빠도
그늘에서 쉬어야 했습니다.
장마인 줄 알았는데 말이죠.

여름이 끝나가는 일요일 오후

아빠가 친구와
일 이야기를 하고 있어요.
브이용은 얌전히 기다렸어요.
그런데 떨어져 있는 매미를 발견.
좀 킁킁거렸더니 그것이 "맴맴맴맴"
시끄럽게 떠들지 뭐예요.

은행나무 가로수길

태풍이 지나간 다음 날,
은행나무 가로수길을 걸었습니다.
은행잎이 이렇게 떨어져 있어도
괜찮다고
아빠는 말했습니다.
그렇지만 정말 괜찮은 건지
나는 잘 모르겠어요!

예쁜 얼굴

아기한테 "예쁜 얼굴 해 봐" 하면
재미있는 얼굴을 하잖아요.
브이용한테도
"예쁜 얼굴 해 봐" 하고
사진을 찍어 보았답니다.
확실히 '예쁜 얼굴'이네요.

마법을 걸다

봄까지 잠을 잘 나무들에게
마법을 걸면서 뛰어다닌다.
자, 겨울 속으로 녹아든다.
나는 겨울이다.
나는 하얀 입김이다.
나는 브이용이다.

눈 오는 날에

요전에 교토에 갔을 때,
또 눈이 내렸습니다.
브이용의 시선이
다리를 향해 있어서
자세히 보니
글쎄, 다리 앞에
커다란 학이 있는 게 아니겠어요.

개를
행복하게 해 줄
자신이 없었다

처음에는 집에서 개를 키우는 걸 반대했습니다.

물론 나는 개를 좋아하고,

개와 노는 것도 즐거워합니다.

그러나 브이용이 집에 오기 전까지,

개를 행복하게 해 줄 자신이 없었습니다.

물론 긴 인생에서 개를 키우거나

개와 살아 본 적은 있습니다.

하지만 그때는 내가 너무 어렸거나

좋지 않은 의미로 너무 젊어서,

개의 행복을 빼앗아 버렸다고 생각했습니다.

내게 개와 함께 살 자격이 생기는 건

언제쯤일지 모르지만,

언젠가 인간으로서 좀 더 성숙하고,

정말로 안정된 가정에서

개를 맞이할 수 있을 때까지는

개는 상상 속에서만 귀여워하자, 그렇게 생각했답니다.

개는 주인의 생각과 생활에 맞춰

살아갈 수밖에 없습니다.

그 사실을 잘 알고 개의 기분을 헤아리면서

함께 살 수 있다면,

키워도 좋다고 생각합니다.

'이 개'와 날마다 함께 있고 싶다고
생각해야 합니다.
사랑에 빠지는 것과 같은 거죠, 분명.
가족회의를 많이 한 걸로 기억합니다.
앞으로 일은 어떻게 해 나갈지 서로 의논하고,
'이 개'를 불행하게 하지 않는 생활을
그릴 수 있게 된 뒤에야 입양을 결정했습니다.
자신이 생겼는가 묻는다면 그런 건 아니었어요.
다만 이제 괜찮겠다고 생각했을 뿐.
처음에 키우고 싶다고
말을 한 사람은 아내 쪽이었지만,

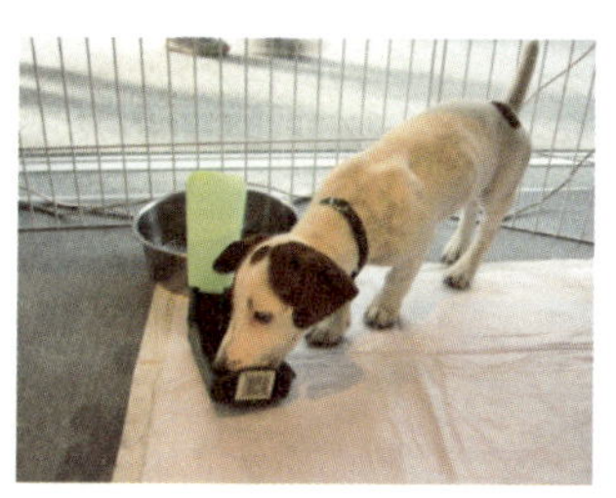

브이용을 데려온 다음에는
반대했던 내가 더 적극적이 되었습니다.
'이 개'와 함께 살아가는
그림이 완전히 완성된 거겠죠.

브이용과의 만남에 대한 이야기가
너무 무거운 글이 되었는지도 모르겠습니다.
그렇지만 개를 키우기로 한, 일종의 결의가
워낙 진지했기 때문에 어쩔 수 없군요.
개를 행복하게 해 줄 수 없을 때는
이미 자신들이 행복해질 수 없을 때겠죠.

공, 그것은 사랑

개는 공을 정말 좋아하는데
사람은 꼭 그렇지도 않은가 봅니다.
공을 보여 주면서 가만히 있기만 합니다.
이따금 "우우–" 하고 말을 걸면
그제야 "할 수 없군" 하면서
사람도 공놀이를 시작합니다.

공 떨어뜨리기

이렇게 코끝으로 공을 밀어서
떨어지려 하는 찰나, 얼른 무는 거죠.
테니스로 말하자면 벽 치기 같은 것?
개는 사람이 놀아 주지 않을 때
곧잘 이런 짓을 한답니다.

벌러덩

'벌러덩'을
가르친 뒤로는 "손"이라고만 해도
이렇게 뒤집어집니다.

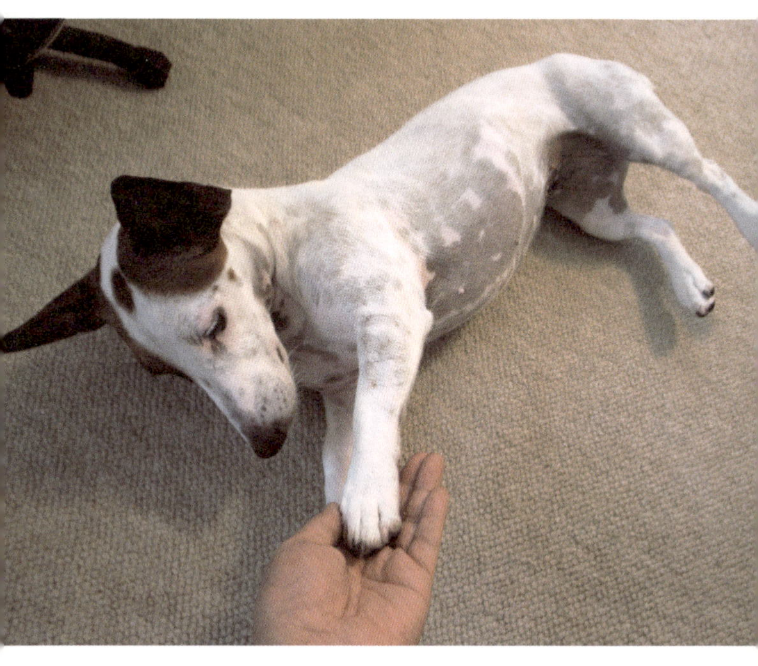

손

아빠가 "손"이라고 하면
'벌러덩'을 해 버립니다.
그러나 사람 엄마가
"손"이라고 하면,
정식으로 '손'을 주지요.

▲ 우유 센베이와 음악

아빠는 우유 센베이를 사와서
돈가스 소스를 발라 먹습니다.
나는 텔레비전에서 나오는
음악을 감상합니다.
브이용은 음악 프로도 좋아한답니다.

◀ 하얀 셔츠

컨디션이 별로 좋지 않아~
컨디션이 별로 좋지 않아~
컨디션이 별로 좋지 않아,라는 노래~
사이좋게 텔레비전을 보고 있습니다아.
하얀 셔츠를 나란히 입었습니다아.

▶ 질겅질겅질겅

사람이~(사~람이)
뭔가를 먹을 때~(먹~을 때)
개도 뭔가를~(개도 뭔가를)
먹습니다요(습니다요).
별거 아닌 껌이라도~
질겅질겅질겅 씹어요오.

아빠와

사람 엄마가
그새 찍었네요.
몰랐네.

자고 있어도

꼭 앞의 페이지와
연결해서 봐 주세요.
'자고 있어도'입니다.

굿모닝

그래, 굿모닝.
밥?

일광욕

산책을 가기 전, 아침 '일광욕' 중입니다.
일광욕의 '욕(浴)'이라는 글자,
그 깊이를 느낍니다.
작은 비닐 풀장에서 노는
작은 꼬마의 모습도 떠오르구요.
빛을 여기저기 날리며 파닥파닥.

기다려

개인기 같은 것은
없습니다만,
'기다려'만은 잘합니다.
"좋아" 할 때까지는
얼마든지 기다릴 수 있습니다.
아니, 뭐 특별히 자랑하는 건 아니구요…….

뒹굴뒹굴뒹굴어

실컷 산책을 하고 와서
한숨 잤습니다요~.
일어나서 주섬주섬 밥을 먹고
지금은 뒹굴뒹굴,
뒹굴뒹굴 뒹굴고 있습니다.

발바닥

별로 할 일이 없으시다면
제 발바닥이라도 보시렵니까?
한 번 봐서는 절대 기억할 수 없는
복잡한 디자인의 발바닥이랍니다.

엉덩이도

엉덩이도 얼굴이다.
배도 얼굴이다.
살아 있는 것의 몸,
어디를 찍어도 그것은 표정이다.

여유

사람 엄마가
텔레비전을 보고 있어서
옆에 가서 살짝 누워 보았다.
뭐, 그것뿐이다.

무릎 위의 노래

사람 엄마가아
사람 공원에에
가기 전에느은
화장을~ 한답니다.
나는 그걸~ 기 다 리 지 요~.
졸면서어
기 다 리 지 요~.

날씬한 친구

진짜진짜 오랜만에
사람 엄마의 휴일이었어요.
공원에 데려가 주어서
엄청나게 날씬한 친구를 만났죠.
호감도 100퍼센트였답니다.

빵 가게

아빠는 빵 가게에 있습니다.
나는 계단에서 기다립니다.
내게 빵을 주지 않지만,
산책을 나오니 즐겁습니다.

청바지 가게

산책하러 나간 길에 쇼핑.
오랜만에 가는 청바지 가게에서요.
아, 이곳은 옛날의 달링 칼럼[•]에 나오는
센다가야의 '데님'입니다.

• 저자가 운영하는 사이트 「호보 일간 이토이 신문」의 칼럼 중 하나. '달링'은 저자의 애칭

생각

마치
뭔가 생각하는 듯한 얼굴을 하고
아무것도 생각하지 않는 사람은 있지만,
개의 경우에는 보통 깊은 생각을 합니다.
어떤 깊은 것인가에 대해서는
사람한테 가르쳐 줄 수 없답니다.

개 · 네 살 · 가을

공 던지기도 좋아하고
낮잠도 좋아하고 밤잠도 좋아한다.
그러나 그 이상으로 뭐랄까 좀…….
좋은 취미랄까, 새로운 취미랄까?
그런 걸 찾아보고 싶은지도.

보면 본다

사람 엄마가 본다.
브이용을 본다.
그러면
브이용도 사람 엄마를 본다.
보면 본다.
사람도 개도, 보면 봐 줍니다.

이것이 신칸센

그리고 잠깐
창밖을 보았습니다.
뭔가 굉장하네요.
이게 말로만 듣던 신칸센이군요…….

하품

아빠는 일을 하고 있습니다.
사람 엄마는 '여러 가지' 중이구요.
뭐, 해님이 비치는 동안에는
더워서 어쩔 수 없으니,
브이용은 뒹굴거릴 수밖에요.
그렇긴 하지만…… 아, 아아아아아~
아아아아하아아아아품.

공부

좀 전까지 "공부하는 중이니까
공 던지기는 안 할 거야"라고
아빠는 말했습니다.
그런데 어느새
게임을 하고 있군요.
브이용은 좀 불만입니다.

언제나 어디서나

언제나 어디서나 하는 일은 똑같아.
아빠는 자고 싶어 하고
브이용은 붙어 있고 싶어 하지.
밥과 밥 사이의 시간
꿈의 세계에서 밥이나 먹어 볼까.

우메보시

"아빠, 우메보시 담아요?"
하고 말할 리 없지만
뭐, 그런 립싱크 정도는 할 수 있겠지.

방충망

특수 효과를 이용한 게 아니라
그냥 단순히 방충망 너머에 있는 것뿐.
양갱 같아 보여서 좋네요.

앉아 볼래요?

사람 엄마가 사 온 의자,
아까 도착.
아빠도 앉아 볼래요?
제법 편하네요.

왕

왕은 이런 느낌이에요?
그렇지 않아요?
아니면 여왕 느낌인가요?

꿈속 삼매경

자고 있습니다.
허공에 떠 있는 것처럼,
둥둥
자고 있습니다.

사람 엄마하고도

평소에는 아빠랑 잡니다만,
이번에는 특별히
사람 엄마하고 잡니다.
누구하고나 사이좋게 지내는 것이
귀여움 받는 개의 삶의 방식,
그걸 기뻐하는 것이 사람의 역할입니다.

건널목

당신은 '건널목'이 무엇인지
알고 있나요?
세상에는
건널목을 아는 개와
건널목을 모르는 개가 있습니다.
건널목이라고 하는 것은 '건너는 것'입니다.

작은 공원에서

언제 언제 언제라도
누구 누구 누구라도
절대 절대
거절하지 않아.
(거절하지 않아~)
공을 던지는 그대여,
행복하시라.

생각하기

해 지는 강가에서
생각에 잠긴 브이용.
노을을 감상하는 걸까요.
아니면 강 건너 가고 싶다는 생각을 하는 걸까요.
그러나 브이용,
이제 집에 갈 시간이야.

참가견

개에는 수렵견, 반려견, 목양견
여러 가지가 있습니다만
브이용은 '참가견'입니다.
어떤 일에도 무조건 참가합니다.
지금은 짐 꾸리기에 참가 중입니다.

풀숲

그냥 풀숲이라고 생각한다면
완전 착각 대착각.
마른 멸치 속에 섞인
작고 작은 문어처럼
작고 작은 오징어처럼
막대기를 문 개가 있습니다아.
깜짝 놀랐습니까아?

돌아가기 직전

아쉽지만, 도쿄로 돌아갑니다.
270엔 내고 신칸센을 타고
'개이면서 짐'으로서 이동합니다.
교토, 또 올게요~.

개는 살아 있는 것이기 때문에,
살아 있는 것다운
특징이 있다

개의 몸은 흐물흐물합니다.

개뿐만 아니라 고양이도,

아마 곰도, 그리고 사람도.

살아 있는 것의 몸은 흐물거립니다.

이 흐물거림이 바로 '살아 있는 느낌'이죠.

채소나 과일이 산뜻하다고 생각하지만,

사실 맛있는 것은 끈적끈적하답니다.

기분 나쁜 끈적끈적함은 아니지만,

어쩔 수 없는 끈적거림입니다.

산뜻하지는 않습니다.

맛있는 채소는.

이 끈적거림도 '살아 있는 느낌'이죠.

그리고 '살아 있는 것'은 아닙니다만,

옛날부터 길은 구불구불합니다.

산의 능선이 그렇듯이 강의 흐름이 그렇듯이

긴 뱀 같은 것도 그렇듯이

길도 구불구불하고 불규칙합니다.

'살아 있는 것의 느낌'이라고

할 수 있습니다.

뭐랄까,

산뜻하거나 깔끔하거나 말쑥하거나

요즘 세상은

온통 반듯하고 번듯하기만 한데

꾸불꾸불하든지,

끈적끈적하든지,

흐물흐물하든지,

꺼칠꺼칠하든지,

울퉁불퉁한 것들이

한층 더 살아 있는 느낌이라 좋지 않은가요.

조금 입 냄새도 나고,

별나게 더 흐물거리는
우리 개를 보며 그런 생각을 했습니다.
나도 더 흐물흐물 끈적끈적하면 좋겠다고.

새삼스럽게 자고 있는
개의 여기저기를 만지고 쓰다듬고 하다 보니,
뜨뜻미지근한 게 털이 묘한 모양으로 났군요.
그리운 냄새 같은 것도 납니다.

아침

지금 아침을 맞으러 간다.
개가 아침을 맞으러 간다.
먼저 일어난 태양이
운동하고 있는 하늘에
눈부신 듯한 시선을 던지면서
개가 아침을 맞으러 가고 있다.

고개를 갸웃

"브이용, 옥상에 갈까?"
"브이용, 밥 먹을까?"
의문형으로 말을 걸면
고개를 갸웃거립니다.
다른 개들도 다들 그런 것 같더군요.
어째서일까요.

앉은 폼

저기, 아빠, 아빠.
"저기고 뭐고 간에……."
왜요?
"앉은 폼이 그게 뭐냐?"
마음에 안 들어요?

들여다보기

욕실에서 샤워하는데
아빠가 들여다보고 있습니다.
안 돼욧, 아빠.

송곳니 볼래요?

"송곳니 볼래요?"
"별로 보고 싶지 않아."
"사람의 송곳니가 아니라 개의 송곳니예요."
"됐어, 신기하지도 않아."
"그럼 개 꼬리 볼래요?"
"늘 보잖아."
"아, 그런가요……."

난감한 텔레비전

토요 드라마 〈딜론- 운명의 개〉에
격렬하게 항의하는 '진짜 개'입니다.
"어쨌든 이 프로그램은 문제 있어!"
점프를 하며 항의합니다.
자기가 출연한 장면에도 분노를 느낀다나요.
자기만 귀여움을 받고 싶다,
이거죠.

망보기

브이용이 텔레비전을 좋아……
하는 건 아닙니다.
텔레비전 화면에서
수상한 것이 습격해 오지 않는지
망을 보는 중이죠.
이런 개가 있기 때문에
사람은 안심하고 일을 할 수 있답니다.

더 재미있다

테마는 '우스꽝스런 표정을 짓는 아빠'
였습니다만,
등 뒤에서 "텔레비전이 안 보이잖아요!"
하는 개 쪽이 더 재미있는 사진입니다.

축복의 밤

요미우리 자이언츠의 연패도 멈추고,
기분이 좋은 아빠에게
축복의 키스를 해 주었습니다.
내일은 교토에 간대요.
브이용은 사람 엄마와 집을 봐야 합니다.

감기 걸렸다~

얇은 옷은 춥고, 두꺼운 옷은 덥다.
아빠는 자이언츠에 빠졌고,
내일은 아마 꽤 바쁜 일정이겠지.

뽀뽀하는 개

아빠는 뭘 그렇게
싫어하는 거예요오오오.
제가 모처럼 격려의
뽀뽀뽀를 해 주고 있는데
말이에요.

싫어

"싫어."
아빠는 그렇게 말했지만,
정말로 싫었다면
벌써 옛날에 도망쳤을 겁니다.

개의 7대 불가사의

"또, 똑같은 자세로 자고 있네."
사람 엄마가 사진을 찍었다.
희한하게 똑같은 자세로 잔단 말이야.
개의 7대 불가사의 중 하나입니다.
나머지 여섯 가지는 언젠가 또…….

동상이몽

동상이몽이랄까.
'어쩌지, 이 개를'이랄까.
매번 익숙한 시간이 흘러간다.
일은, 아직도 한참 남았는데…….

스탠바이

여기가 개의 출발선입니다.
이 문을 열어 주면
요이 땅 하고 달려 나갑니다.
사진으로는 보이지 않을지도 모르지만,
가슴은 크게 고동치고 있습니다.
사람도 매일 아침 이러면 좋을 텐데요.

평온한 얼굴

참으로 온화하구나.
부처님 같다고나 할까.
멋진 얼굴을 하고 있는걸?
왼쪽 구석에 살짝 찍힌 뒷발이
힌트가 되어 주고 있네요.

낮은 자동차

어릴 때는 계단을 신경 쓰지 않았습니다만,
자란 뒤에는
계단을 좋아하지 않게 됐습니다.
다리가 짧아서 배가 쓸리는 것 같습니다.
뭐랄까, 높이가 낮은 자동차처럼요.

개는 웃는가?

사람 엄마는
브이용이 '웃는다'고 합니다.
아빠는
'글쎄……?'라고 합니다.
이 얼굴을 보고 당신은
'웃고 있다'고 생각하시나요?

짠!!

나왔군, 맹수!
난 두렵지 않아…….
내 뒤에 아빠도 있거든.

얼굴이 한자(漢字)

얼굴이 '한자'로 되어 있는
고양이가 있다.
아무리 짖고 겁을 주어도
이쪽을 노려보는 도전적인 녀석…….
언젠가 물리치고 싶다.

또 고양이

또 있다!
오늘도 있다! 고양이!
이놈, 이놈!
고양이! **야!** 고양이! 검은 고양이!
(네 쪽이 민폐야, 브이용)

하얀 개와의 만남

"어디서 왔는지?"
"네, 저쪽에서. 그쪽은?"
"난 이쪽에서."
"아아, 이쪽……."
맨송맨송한 만남도 만남은 만남.

언니들

"언니, 걔 누구야?"
"몰라. 어디 사는 애지?"
"쪼그맣네."
브이용이라고 합니다.
"아, 브이용."
"기억할게. 킁킁."
"잘난 척하지 마."
예.

일요일의 공원

일요일의 공원은
토요일의 공원과 좀 달라요.
잘 표현하진 못하겠지만,
어쨌든 좀 달라요.
어느 요일이든 개는 공원을 좋아합니다.
자주만 데려가 주면 좋겠어요.

벌개

벌새라는 건 있지만,
벌개라는 건 어떤가요?
허밍독도 괜찮고.

회사 갔다

아빠 회사에 따라갔어요.
바빠 보이는데 많은 사람들이
공 던지기를 해 주었어요.
열심히 달려서 피곤해도
공을 던져 주면
나도 모르게 힘을 내서 또 달립니다.

회의

뭐야, 뭐야? 회의?
브이용은 못 들어가는 거야?
그렇구나. 괜찮아, 괜찮아.

출근

"안냐세요."
출근한 녀석.
사람 엄마는 일 때문에 부재중이에요,
라고 안내한다.

책 읽어 주기

회사에서 아무도 동료로
끼워 주지 않았지만,
착한 누나가 책을 읽어 주었습니다.
……읽어 준 거 맞나?

비글이니?

늘어진 귀를 가진 개로
변장했습니다.
눈을 가늘게 뜨고 보니
다른 개처럼 보이네요, 거 참 신기!
"별로 안 그런데?"
아뇨, 다른 개처럼 보인다구요!

공연

일찍 일어나서 사람 엄마와 촬영.
텔레비전 프로그램에 출연하는 거예요.
아주 잠깐 애교 정도로만,
이라고 합니다만…… 우훗.

쫓아내기

사람 엄마와 촬영할 때
생후 4개월이라는 개가 나타났어요.
좀 귀여운 것 같기도 하고…….
괜히 화가 나서
쫓아 버렸죠.

꽃이 피다

떨떨해 보이는 사진만 찍으면
브이용이 오해를 받을지도 모르니
가끔은 '귀여운' 사진도
찍어 준답니다.
그런 배려 같은 것
중요하잖아요.

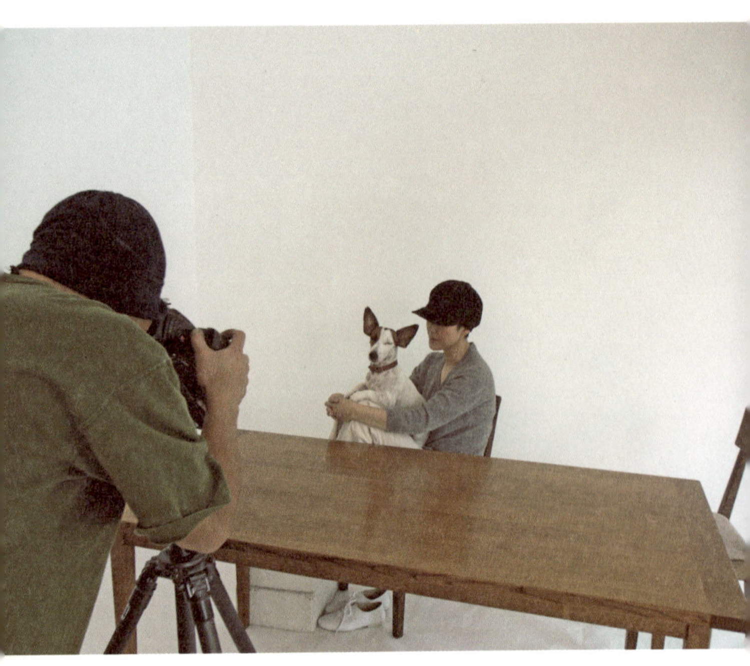

스튜디오 촬영

「생활의 배꼽」이라는
엉뚱한 이름의 잡지 일로
태어나서 처음으로 스튜디오 촬영을 했어요.
꽤 지치긴 했지만,
열심히 찍었습니다.

촬영 마지막 날

트레이너 아저씨가 내 근육을 칭찬해 주었어요.
아주 운동을 잘했다고.

아빠가 아빠이고, 사람 엄마가 사람 엄마인 이유

브이용에게

아빠는 나입니다.

브이용은 개니까 사실 친아빠는 개입니다.

그러나 친아빠는 만난 적이 없어서

내가 아빠가 됐습니다.

그리고 아내는 브이용의 사람 엄마입니다.

브이용에게는 루시라는 개 엄마가 있어서

아기 때 젖도 먹고

여러 가지 규칙도 배웠습니다.

그래서 이 개 엄마와 구분하기 위해

아내를 '사람 엄마'라고 부릅니다.

'사람 엄마'는 이따금

브이용과 대화를 합니다.

그렇게 어려운 얘기를 하는 건 아닙니다만,

대부분은 뭔가를 일러 주는 것 같습니다.

"4월이 되면 집을 비울 때가 많아지거든"이라든가,

"이를 잘 닦지 않으면 치석이 말이지……"라든가.

어렵지는 않지만 사람의 말입니다.

과연 브이용이란 개가 그걸 이해할까 생각해 보면,

못한다는 것이 상식이죠.

다만……

사람 엄마는,

'잘 말하면 알아들어'라고 생각합니다.
그 확신에 찬 이야기를 몇 번 듣는 동안
나도 브이용이라면
'잘 말하면' 알아들을 거라고
반쯤 믿게 됐습니다.

이런 일을 반복한 탓인지
다섯 살이 됐을 무렵부터인가
브이용 쪽에서도 우리에게 말을 걸어왔습니다.
대체로 매일 밤 11시 30분쯤 되면,
사람 엄마에게 다가와 아킬레스건을 깨물면서

"크으으으응~" 하는

평소와는 다른 소리로 말을 겁니다.

푸념 같은 이 소리의 정체는 아직 모릅니다만,

지금도 계속되고 있습니다.

출연료

털 밑에 있는 것은,
얼마 전 텔레비전에 출연했을 때
'출연료'로 받은 간식입니다.
이걸 말이죠…… 먹지 않습니다.
물고 장난치기는 해도 먹지는 않아요.
달리 할 일이 없어졌을 때에야,
할 수 없다는 듯이 먹습니다.

여기 있는데

후후후, 여기 있다니까.

어서 와요

어서 와요.
밥 먹을래요?
목욕할래요?
산책할래요?
한밤중의 산책도 괜찮지 않아요?

파란 공 노란 셔츠

늘 갖고 놀던 노란 공은
터지지 않는 공이었습니다만,
이빨로 터트려 버렸습니다.
이번에는 아빠가 포상으로
파란 공을 주었습니다.
또 열심히 놀겠습니다~.

무리한 장소

어쩐 일로
아빠의 무릎 위가 아니라,
좁은 곳에 비집고 들어간
브이용,
아빠한테 불만 있니?

가을의 해 질 녘

어서요, 어서요.
"아직 일러."
어두워지고 있는걸요.
"어두워도 괜찮잖아?"
그래도 이제 나가 봐요, 토요일이잖아요.
어두워지면 귀신이 나올지도 몰라요.
귀신은 개를 먹어 버린다구요.

날아갑니다

쌩쌩 쌔앵!
또또 날아갑니다~.
하늘을 붕 날아갑니다~.
비행기처럼 날다람쥐처럼
날아갑니다아.

껑충

건강하십니까아아아.
하하하하하
건강합니다아아아아.
하하하하하
사람도 개도
건강하게 달리면 건강해져요~.

빗속의 공 던지기

비 오는 날의 공 던지기가
어떤 것인지
보고 싶은 사람 보세요~.
뭔가 하여간
김빠진 느낌이랄까요~. 하하.

비다

오늘은 비가 와서 망했다.
비는 나빠.
잠이나 자자.

까마귀와 물

까마귀가 물을 마시는 곳에서.
볼수록 한심한 광경이네.
유화로 그리면 재미있겠다.

해가 짧아졌다

초저녁인데 벌써 어두워.
밤이 길어지고
점점 추워지겠구나.

개의 콧노래

데굴데굴 데굴데굴
아빠도 해 봐요.
데굴데굴 데굴데굴
그러기만 하면 돼요~.
그러기만 하면 돼요~.

턱

세상은 개가 턱을 올릴 수 있는 장소와
올릴 수 없는 장소로 이루어졌다.
이것은 틀림없는 진실이다.

귀가 섰다

귀가 늘어진 놈도 있다.
귀가 선 놈도 있다.
거울을 보면
알지요오오오오오오오오.
당신의 귀는 어느 쪽인가요오.
거울은 반대로 비치지요오.

어른의 시간

산책도 끝났고
밥도 먹었다.
아무도 놀아 주지 않아도
괜찮아.
알아?
그런 게 어른의 시간이지.

꿈을 꾸고 있다

꿈을 꾸고 있다.
아니, 그런 게 아니라
꿈을 꾸는 척하며
뭔가를 생각하고 있다.
그것이
꿈을 꾸는 것처럼 보이는 거다.
소고기나 초원 같은 것, 랄랄라~.

꿈일지도

꿈을 꾸고 있을지도 모른다.
오리를 보고 있을지도 모른다.
자는 꿈을 꾸고 있을까.
꿈꾸는 꿈을 꾸고 있을까.

무제

(감상 순서)
먼저 왼쪽을 중심으로 보세요.
그리고 전체를 봅니다.
네, 그런 순서로 봐 주세요.

응?

꿈인가, 현실인가.
지금 뭔가가 가까이에 있지?

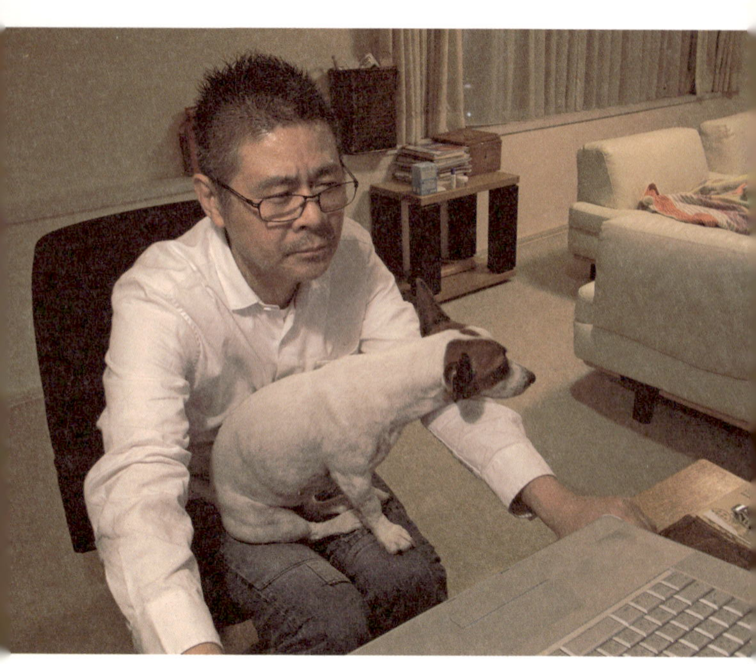

턱을 올리다

턱을
올릴 곳을 찾고 있어요.
턱을 올리고 싶어요, 예 이~.
턱을 올리고 싶어요, 예 이~.

심하게 화내다

시끄럽게 굴면,
아빠 보스견한테 혼납니다.
심하게 짖으면 머리부터 물어 버리죠.
엄청 무섭습니다~.

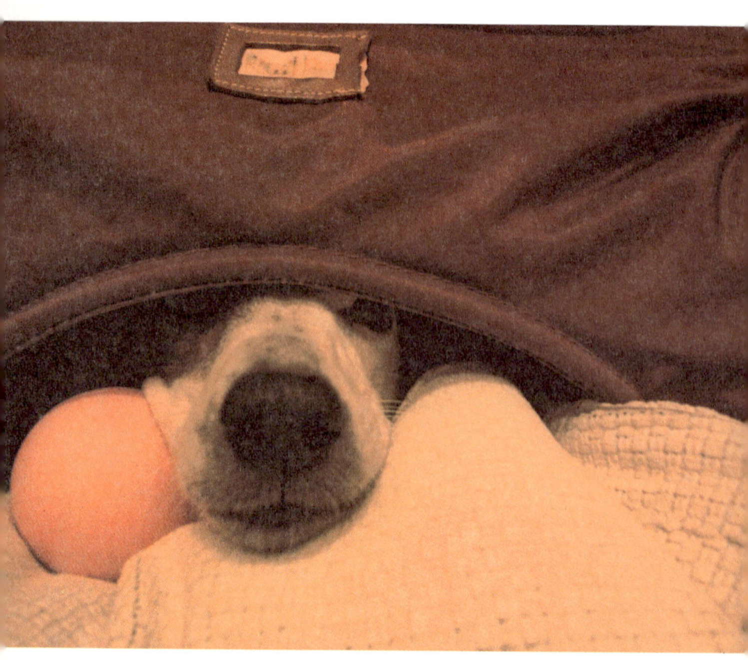

하우스

사람 엄마에게
"공놀이 해요! 멍멍!" 하고
시끄럽게 보챘더니
"하우스!" 하고 명령.
쿠션으로 뚜껑까지 덮어 버렸다.
"……칫, 야단맞았어."

달팽이

"소라게 님."
이번에는 커다란 쿠션으로
꾹 눌러서
뚜껑을 덮어 버렸어요.
이유는 시끄럽게 짖어서랍니다.
이제 곧 꺼내 주겠죠, 으흐흐.

으헝

아빠는 이런 얼굴만
찍고 싶어 합니다.
"바보 표정 지어 봐"라고 하지요.
좀 도움이 되셨나요?

아이코

주인을 배려하듯이
발밑에 엎드려 있는 브이용을
찍기 위해 카메라를 들었더니,
도망가 버렸다.

개가
우리를 물지 않는 것,
그리고 개가
말을 하지 않는 것

개와 공놀이를 하다 보면,
흥분한 개의 이빨과 내 손가락이
부딪치는 일이 가끔 있습니다.
아주 잠깐 닿는데도 내 손가락은 충격으로 고통을 느끼고,
개 이빨도 마찬가지로 그걸 느낍니다.
그 순간부터 개는 여태껏
들떠 있던 기분을 다 잊고 시선을 피한 채,
내게서 조금 떨어진 곳에 서서
용서해 주길 기다립니다.

나는 그리 엄격하게 가르친 기억이 없습니다.

그러나 개의 이빨이

사람에게 상처를 입히면

개와 사람의 관계가 아주 힘들어진다는 것은

잘 알고 있습니다.

나뿐만이 아니라

개도 그걸 알고 있는 것 같구요.

사람을 물려고 문 게 아니어도

개는 그게 안 되는 일이라는 걸 알고 있는 겁니다.

야단맞을 것을 각오했을 때의 그 고요함은

반대로 아버지로서의 나를 강하게 자극합니다.

그래서 "자, 지금 있었던 일은 잊어버리고 한 번 더 놀자" 하고,

생기를 되찾게 해 주죠.

이것은 나와 우리 개 사이의 얘기입니다만,
우리 선조들과 개 선조들이
길고 긴 시간 구축해 온
우호 관계가 이럴 때 보이는 것 같습니다.
개와 살면서 애정이 더욱 깊어진 듯한
기분이 드는 순간은
개가 '말을 하지 않을' 때입니다.
뭔가 오해를 받아도 항의하지 않는다.
도움이 필요할 때도 가만히 기다린다.

……이런 일이 있으면,

개가 말하지 않는 부분까지

사람이 알아주어야 한다는 생각이 강해집니다.

아마 사람과 사람의 커뮤니케이션에도

그런 부분이 있어서 '말을 하지 않는 것'의 가치는

'말을 잘하는 것'보다

더 깊은 곳에서

상대에게 전해지리라 생각합니다.

Bouillon
TRADE
MARK
Bouillon-the-dog thinks.

칭찬받은 근육

사람 엄마와 산책.
완전 들떴습니다.
'칭찬받은 근육'은
이렇게 만들어졌답니다.

헥헥

더운 날, 브이용은 이따금 지칩니다. 헥헥.
공 던지기는 하고 싶고
멀리까지 산책도 가고 싶고
마음은 앞서는데,
지쳐 버리죠. 헥헥.
그러나 조금 쉬어 주면 다시 부활합니다.
아빠는 비교적 쌩쌩하네요.

운동

잘 지내나요.
운동은 하고 있나요.
나는 운동하고 있습니다.
계절은 돌고 돌고 돕니다.
밥은 오물오물 먹습니다~.

멋진 달리기

멋진 달리기다.
"이것 좀 봐요!" 자랑하는 것 같은 달리기다.
그러나 이 모습은 아무래도
'개의 탈을 쓴 사람'으로밖에 보이지 않네.

야호

인도어 도어도어
인도어 더워더워
그렇지만 가끔은
공놀이 하러 정원으로~
아웃도어 아웃아웃
아웃도어 빙글빙글

네 살이 지나면

누가 “몇 살이에요?” 물으니
아빠가 “세 살입니다” 하고 대답했습니다.
세 살이 아니라 네 살인데잉.
아빠의 금연이
4년 전 8월 2일에 시작돼서
브이용과 같은 나이라죠.
이상, 브이용의 잡다한 상식이었습니다.

늘어진 줄

당기지 않는다 당기지 않는다.
산책 줄을 당기지 않는다.
아빠의 왼쪽에서
같은 속도로 천천히.

닌자

사극에 나오는 나쁜 사람이
손뼉을 짝 치면
천장에서 닌자가 내려오고
뭔가 나쁜 짓을 명령하는 장면 같은 거, 있죠.
그때 닌자가 어떤 자세였는지
떠올려 보시겠습니까?
그, 그겁니다.

몸은 얼굴이다

어디서 봐도 누군지 아는
개도 사람도
몸은 얼굴이다~ 엉덩이도 얼굴이다~.
엉덩이로 인사~ 안녕하셈.
등으로 인사~ 안녕하십니까.

무릎 위에서

아빠의 무릎 위에 앉아 있던
브이용은 뒤통수로 듣고 말았다.
비가 너무 많이 와서
산책은……
못 간다 못 간다 못 간다 못 간다(메아리~).
그런가. 못 가는가. 비가 오는가.
많이 오는가. 못 가는가. 그런가.

비가 오지만

비가 오지만~(비비비)
일단~(단단단)
나갑니다요(요요요).
아마 곧 돌아오겠죠오.

씻으면 닦는다

씻은 뒤에는
닦는다.
그다음 드라이어로 말리면
목욕 끝!

드라이어 블루스

비에 젖은 길을~
걸은 뒤에는~(베이베~)
평소보다 잘 씻어야지~
잘 말려야지~(예이예~)
드라이어 블루스~
(어디가 블루스냥~)

직소 퍼즐

아빠가 자고 있을 때
빈자리를 찾는다.
직소 퍼즐 조각처럼
빈자리에 들어간다.
그러니 방귀는 제발 노노노~.

또 퍼즐

직소 퍼즐 조각은
그 뒤, 이런 식으로
다시 자리를 잡았습니다.
그래도 방귀는 노노노노노~.

▲ 어느새 찍혀 버린 사진

사람의 다리 사이에는
최고의 반려동물이 있는 법.
개들은 할아버지의 할아버지 때부터
그 사실을 배우는지도.

◀ 어떻게 될까?

남들 얘기에 자주 나오는 건
'일단' 하고, 사고, 보는 것이
아빠의 장점입니다…….
개는 부드럽게 지켜봅니다.
앞으로 어떻게 될까?

▶ 개는 질렸습니다

아빠는 땀에 흠뻑 젖었습니다.
개는 더 이상 지켜보는 데 질렸습니다.
공이 여기 있는데 말이죠.

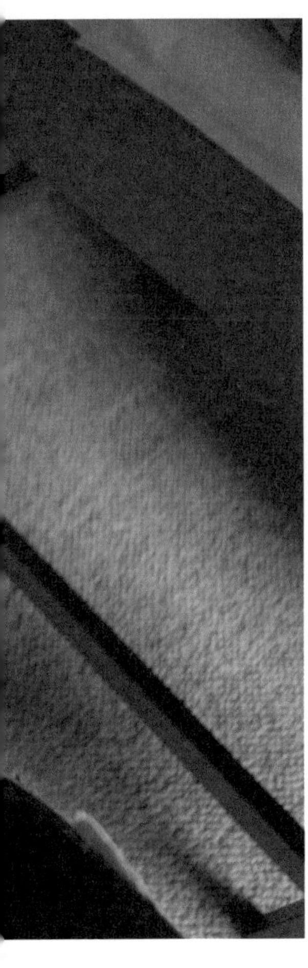

크고 싶다

사람과 함께 생활하는 개는
위를 바라보는 시간이 깁니다.
개는 위를 보고 위를 보고
또 위를 보는 동안
'크고 싶다'고
생각하게 되겠죠.

귀

귀는 서기도 하고 흐르기도 하고
뒤집히기도 하고 흔들리기도 하고
함께 있으면
여러 가지 모습을 보여 준다.
가끔 날갯짓할 때도 있다.
그리고 하늘 높이 춤을 출 때도.

잠든 얼굴

가끔은 좀 조용한 그림을,
……이라고는 하지만 가만히 보고 있으면
재미있는 방향으로 난 수염이라든가,
까만 발바닥이 신경 쓰인다.
비밀이 많은 개구나, 싶다는.

여름은 덥다

여름은 더워.
온 나라 사람들이 하는 말.
오늘도 온 나라에서
5만 번은 말했을걸.
……브이용도 말하고 싶어.
여름은 덥네요.

개는 또 잔다

비가 와서 밖에 나가지 못하면,
쉴 수밖에 없습니다.
사람 엄마가 일하러 나가든
아빠가 일어나서 뭘 하든
브이용은 그냥 잠이나 자기로 합니다.
아빠의 침대에서요.

브이용, 수고했다 song

어제는 서점에서 수고했다.
날도 추운데 수고했다.
아빠한테 안겨서
귀찮았지, 수고했다.
오늘은 좋은 날씨 수고했다.
브이용, 너 수고했다.

줄을 섰습니다

왼쪽부터 개,
움직이는 식목 장난감,
흙 냄비에서 키우는 송사리,
큼직한 컵 속에는 빨간 베타.
이런 식으로 줄을 세웠어요.
잘 부탁합니다.

백도(白桃)

“아주 똑같은걸” 하고
아빠가 복숭아를 올려놓았습니다.
아무런 의미도 없이 복숭아를 올려놓았습니다.
브이용은 그래도 진짜 공이 좋아요.

새로운 공?

감은 공?
쫓아가고 깨물고 해도 되는 거야?
감이라는 공인가.
아빠는 이걸 던지지 않네.

참가견의 재미

브이용은 참가하길 좋아한다.
사람이 한숨 자고 있으면
거기 붙어서 잔다.
사람이 텔레비전을 보고 있으면 텔레비전을 본다.
사람이 빨래를 널고 있으면,
그 자리에서 자기도 널브러진다.
그런 삶의 방식으로 살아간다.

형광등 이야기

형광등을 갈았습니다.
오래되니 어두워서
새것으로 갈았지요.
브이용은 여기에도 참가해서
한참을 빤히 지켜보았답니다.
참 잘했어요.

구멍

'스스로 파서 구멍을 만들었노라.
구멍으로 얼굴을 내밀어 보았노라.
지구는 정복하는 것.'

-〈가짜 스타워즈〉에서

어서 오세요

아빠, 다녀오셨어요.
질질질질…….
"스트레칭하면서 환영하는 거냐?"
왜요, 몸에 좋다잖아요.
질 질 질 질 ~

7월생 개는

공 던지기를 하고, 산책을 하고,
마무리로 공 던지기를 하고……
그럴 예정이었습니다만,
굵은 비가 쏟아지기 시작해서
'공 던지기'만으로 종료.
7월생 개, 오늘은 운이 없는 날인가요?

벌써벌써벌써

벌써 해가 졌잖아요.
벌써 시원해졌잖아요.
벌써 길도 식었잖아요.
이제 밖에 나가는 게 좋다고 보는데요.
벌써 어두워졌잖아요?

공 던지기 최신 버전

앞에서도 보셨을지 모르겠습니다만,
이건 이것대로 또 다른 날의
'공 던지기'입니다.
열심이죠.
엄청나게 열심입니다.

해가 낮아졌다

해가 낮아졌습니다.
겨울이 가깝습니다.
그림자도 산책합니다.
10월의 어느 날입니다.

가을의 벚꽃 떡

사람 엄마가
'벚꽃 떡'을 사는 동안
개와 아빠는 밖에서 기다리고 있습니다.
이곳의 '벚꽃 떡'은 작고 맛있어서
아빠는 몇 개나 먹지요.
브이용은 '벚꽃 떡'을 먹지 않습니다.

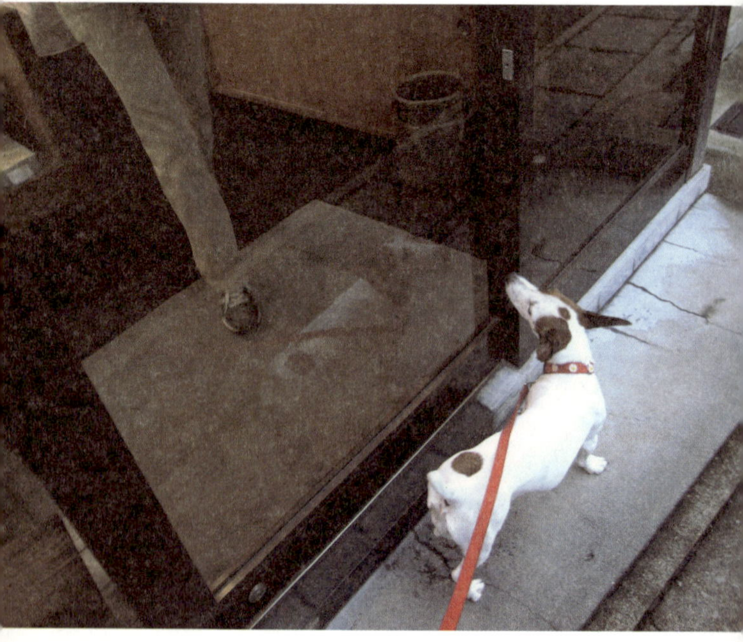

새들

헤엄치는 새, 나는 새,
달리는 새, 먹는 새, 우는 새,
굽는 새, 튀기는 새, 찌는 새,
낳는 새, 건너는 새, 멍청한 새.

개가 도망간다

꺄악 꺄악
개가 도망간다 꺄악.
꺄악 꺄악
쫓아와 봐 와 봐.
안 오냐- 안 오려나~.

옛날 사진

잃어버린 줄 알았던 옛날 사진.
카메라도 계절도 다르네.

꿀벌

비가 올 것 같아서
꿀벌 무늬 스웨터를 입고
산책을 나갔습니다.
어릴 때 입던 옷이라
좀 작더군요.
아빠가 '연휴'라서
여기저기 데리고 다녀 줄 것 같습니다.

후지마루 군을 만났습니다

후지마루라는 이름의
이상한 동물을 만났습니다.
엄청 크고
우호적이지 않은 놈이었습니다.
친구가 돼도 괜찮으려나,
처음으로 그런 생각을 했습니다.

가을 아침?

이불을 덮게 됐다면
가을이 온 겁니다.
아침저녁으로 서늘해졌습니다……
까지는 아니지만,
식욕은 완전히 돌아왔네요.

돼지 개?

이웃에서 발견한 돼지 개.

안 자, 안 자

안 자, 안 자…….
절대 안 잔다니까.
줄곧 깨어 있었다구요.
텔레비전 보고 있었어요.
내가 그렇게 졸려 보여요?

잠

꾸벅 꾸벅 꾸벅.
꾸벅 꾸벅 꾸벅.
잠님이 걷는 소리입니다.
잠님이 개를 만나러 옵니다.
꾸벅 꾸벅 꾸벅.

비몽사몽

깨우지 마세요.
깨우려면 공놀이를 해 주든가
산책을 데리고 나가 주든가
간식을 주든가요.
뭐든 브이용이 기뻐할 일을 해 주세요.

작은 새처럼

작은 새처럼~(새처럼~)
작디 작은 작은 새처럼~
아빠의 다리에(다리에~ 다리에~)
앉았습니다. (잔다~)
앉았습니다. (잔다~)

하늘의 하늘의

하늘 위의 위에서
구름을 보는 것 같아요.
그렇지만 사실은
연못에 비친 구름을 보고 있어요.
연못에 비친 하늘을 보고 있어요.

밤의 오브제

설명이 없는 편이
나을 것 같아서
그렇게 합니다.

추억

바람이 많이 불었죠.
강물이 흘러갔죠.
열심히 달렸어요.
즐거웠습니다.

다마 강

아빠가 깜짝 선물로
다마 강에 데려가 주었어요.
"기뻐요~.
공도 주웠어요!"

예술

늘 가던 곳에
예술이 있었어요.
그런 건 관계없어 그런 건 관계없어.
아침 일찍부터 예술이 있었어요.
그런 건 관계없어 그런 건 관계없어.
공이 너무 커서 물 수가 없어.
"자, 이제 돌아가자!"
예에에에이!

연못에서

"브이용, 브이용,
네가 이 연못에 빠뜨린 것이
금공이냐,
은공이냐,
아니면 나무공이냐?"
공은 집에 두고 왔습니다.
빠뜨리지 않았습니다!
"아아, 그러셨어요."

밤에 사람이
자고 있을 때도
개는 함께 살고 있다

꽤 오래 그러지 않았습니다만,
지금은 내 침대에서 개와 함께 잡니다.
오는 걸 금지하면 오지 않겠지만,
올 수 있도록 문을 열어 두어서
매일 밤 살금살금 들어옵니다.
개 한 마리가 캄캄한 복도를 걸어서 찾아옵니다.
잠시 침대 밑에서 한숨을 쉰 뒤,
폴짝 올라와서 바로 이불 속에 들어옵니다.
'왔구나' 싶어서 나도 기뻐하며 잠이 듭니다.

침대에서는 개를 쓰다듬어 주기도 하고

걸리적거리는 위치에 있을 때는
발로 밀어서 끝 쪽으로 밀어내기도 합니다.
개는 시키는 대로 합니다.
잠에 곯아떨어져 있어서 갑자기 건드려도 괜찮습니다.
지금까지 내가 아는 동물은 자고 있을 때
갑자기 건드리면 도망치거나 화를 냈습니다.
이것은 사람이라는 동물도 예외가 아니죠.

그러나 우리 집 개는 괜찮습니다.
이런 녀석은 세상모르고 잠을 잡니다.
이것만 봐도 집 지키는 개에 어울리지 않는다는 건 확실하죠.

아무리 건드려도 어쩌면 그렇게 안심하고 자는 걸까요?
너무너무 이상하지만, 동시에 부럽기도 합니다.

개는 잇몸 만지는 걸 싫어하고,
꼬리를 건드리면 화를 낸다고 합니다.
먹고 있는 걸 건드려도 화를 내죠.
그러나 브이용은 어떤 경우에도 절대 화를 내지 않습니다.
재미있는 개도 다 있네, 하고 감탄하게 됩니다.

참, 개도 잠꼬대를 합니다.
후후훙 같은 잘 알아듣지 못하는 소리를 냅니다.

아주 드물게 자다가 방귀도 뀌는 것 같더군요.

결정적인 증거는 없지만,

"그러지 않았나" 싶을 때가 있습니다.

자다가 오줌도 쌌죠, 아마?

지금은 그런 버릇은 고쳤으니

그 얘기는 더 이상 하지 않겠습니다.

자다가 근육을 움찔움찔할 때도 있더군요.

지금까지 본 모습들은 대체로 그런 것이었는데,

좀 전에는 처음으로 잠자는 개가

심하게 꼬리를 흔드는 걸 보았습니다.

무척 귀여웠습니다.

춥사옵니다

드디어 이런 계절이
찾아왔군요.
"브이용, 너무 붙었어."
사람 엄마가 주의를 줍니다만,
아무래도 자꾸 붙게 되네요.
본인이 좋으면 그만이라고 생각합니다.

뭔가가 있는 예감

귀 안테나를 쫑긋 세우고,
똑똑히 듣지 않으면 안 돼.
이곳저곳을 정리하기도 하고
쿠션과 담요를 한곳에
모으기도 하고…… 뭔가가 있다.
"길은 안 막힐까" 하고
귀에 익은 얘길 하고 있는걸.

칭찬받았다, 교토

교토에 왔습니다.
텔레비전으로 가부키를 보면서
혼자 공놀이를 합니다.
이번 신칸센에서는
한 번도 짖지 않았습니다.
아주 칭찬받았습니다.

아빠, 이쪽을 봐요

아빠가 스토브 불을 붙입니다.
그건 좋다고 생각합니다.
불을 붙인 뒤,
이리로 와서 나랑 놀아 주면
더 좋겠다고 생각합니다.

스토브 주인

스토브를 켜요.
먼저, 장작을 지피는 것부터
시작하죠.
따뜻해지자마자
'스토브 주인'이 옵니다.
비틀비틀 졸면서 스토브를 지킵니다.

졸리다

졸리는 오후.
아아, 졸리다~.
졸리다~~.
졸려요~~~.
정신이 아득해져요~~~.

아앗

아앗, 아앗, 아앗…….
"안녕합니까?"
그렇습니다!
안녕합니――――다.

아빠가 일어났다

산책하고 돌아오니
아빠가 일어나 있었습니다.
파자마 차림으로 카메라를 들고는
"눈 아직 남았어?"라고 물었습니다.
무슨 소릴 하는 걸까요,
이렇게 화창한 날씨에.

군고구마 실패

아카이브에서 발견했습니다.
아직 군고구마를 잘 굽지 못할 때의
기록입니다.
브이용은 아무 관심 없다는 듯이 난방을 즐기고 있습니다.

책을 읽다 생각하다

책을 읽는 사람, 생각하는 개

록 기타

비가 그칠지 계속 내릴지
……알 수 없는 오후입니다.
록 기타 레전드 같은
오래되고 뜨거운 음악을
소리 높여 계속 듣고 있습니다.
개는 할 수 없이 자고 있네요.
바깥에는 바람도 세차게 붑니다.

오후

우리는 식후에 낮잠을 즐깁니다.

안 봐

“사진 찍게 이쪽 좀 보렴.”
……안 본다.
텔레비전 본다고 안 돌아본다.
“아빠처럼, 이리 좀 봐 봐.”
……그래도 안 본다.
텔레비전 보느라 바빠서 안 돌아본다.

마음이 잘 맞네

브이용이 일어나니
아빠도 일어났다.
마음과 마음이
이어져 있구나.

일

아침에 아직 추울 때는
두꺼운 옷을 입고 일을 합니다.
1950년대를 떠올립니다.
등 뒤에 알몸인 분은 산책을 나가고 싶어 하십니다.

산책했다

보슬비 내리는 저녁,
결국 아빠는
산책을 데려가 주었습니다.
지금은 샤워하고 나와
사람 엄마와 함께
텔레비전의 홈쇼핑을 보고 있습니다요.

아침부터 스킨십

청소를 하기 전에
사람 엄마가
'아침부터 스킨십'을
해 주었습니다.
사실 스킨십보다도
산책 쪽이 좋습니다.

확보

사람 엄마가
화장을 하면 산책을 간다,라는
법칙이 있는 것 같습니다.
그걸 알고 있는 나는 무릎에 올라가
'권리를 확보하는' 중입니다.
알아 두면 편리한 '개의 지혜'입니다.

관광지

아빠가 날 보고
관광지에 어울리지 않는 개라고
합니다.
그런 건 몰라욧.
또 올 거야. 몇 번이라도 올 거야!

말

숲에서 사극 촬영을 하고 있어서
무사도 만나고 말도 만났습니다.
브이용은 전혀
관심이 없습니다.

그네

나는 그네를 탄 적이 없다.
미끄럼틀은 탄 적이 있다.
그러나 별로 좋지 않았다.
사람 엄마는,
그네를 좋아하는 것 같다.

강을 생각하다

불 옆에 사람이나 짐승이 모인다.
물 옆에 사람이나 짐승이 산다.
흙 위에 사람과 짐승이 자란다.
해 아래 사람과 짐승이 산다.
달 아래 사람과 짐승이 잠든다.
나무 아래 사람과 짐승이 만난다.
금화 옆에서 사람과 짐승이 꾀를 부린다.
가위바위보!

연약한 개

앗, 아빠가 가 버렸어!
날 두고 간 줄 알고
깜짝 놀랐습니다.
브이용은 혼자서는
살아갈 수 없습니다.
나름 연약한 개거든요.

모닥불

어떤 상황인지
전혀 알 수 없군요.
모닥불의 연기 속을 빠져나와
"후유" 하고 안도하던 참입니다.
모닥불, 태어나서 처음이었습니다.

대재앙 같다

대재앙이라고밖에 생각할 수 없는
화면일지도 모르겠습니다만,
이것은 그저 '시골의 모닥불'입니다.
브이용, 꽤 겁먹은 것 같죠.

올해는 즐거웠다

"아빠,
올해 즐거웠어요?"
……아, 저쪽에서 걸어오는 사람도
같은 얘기를 하고 있네요.
올해가 조용히 저물어 갑니다.

새해

새해다아아아아!
올해도 건강하게~~~!
멧돼지에게도 지지 않을 거얏.

잉어

사람 엄마가
잉어를 보려고 합니다.
평소에는 커다란 입을 벌리고
뻐끔뻐끔거리더니
오늘은 다 어디로 숨은 걸까요.

살았다

사람의 발만 보며 걷는데,
브이용이 '밟힐' 것 같다고
사람 엄마가
안아 주었습니다.
휴, 살았습니다.

소고기

면적으로는 4제곱센티미터 정도
밥에 섞어 준답니다.
어째서 소고기는
그렇게 맛있는 걸까요.

공 욕심

산책에서 돌아와
발을 씻고 난 뒤에도
공 욕심은 시들지 않습니다.
"……던져 주세요."
매번 같은 그림입니다만,
매번 같은 짓을 하는 브이용.

비다

비가 내려서
산책은 취소됐습니다.
잠깐 공 던지기를 해 주고……
끝입니다.
브이용도 비를 맞는 건 싫으니까
어쩔 수 없다고 생각합니다.

균형

아빠가
이주 복잡한 자세로 자고 있네요.
브이용은 그 균형을 맞추기 위해
살짝 턱을 올려 봅니다.

자

자, 이제 도쿄로 돌아간다.

브이용 찾기

연못에 물새가 가득 있는데
귀가 쫑긋 선
브이용은 어디 있게?
찾았어? 잘 찾네.

산책할 때의 목줄과 산책 도중의 편지 이야기

오래된 지인이 취재 왔을 때 한 말이
지금도 이따금 생각납니다.
그는 개 문제로 내 얘기를 들으러 왔습니다만,
산책할 때의 목줄에 대해
자기 생각을 기쁜 듯이 얘기했습니다.
"나도 처음에는 목줄을 좋아하지 않았는데요,
지금은 사람끼리 손을 잡고 걷는 것과
같은 게 아닐까 생각하게 됐어요."
이 말에 아하, 하고 공감했습니다.

사람과 개가 산책할 때

손을 잡고 걸을 순 없으니까요.

그러나 개가 내게서 떨어지면 위험한 일이 생길 수 있죠.

서로의 '존재'를 느끼고 싶다면

목줄로 연결하여 걷는 것이 최고인 듯싶습니다.

그의 이야기에 공감하게 된 뒤로는

목줄로 '손을 잡고' 산책하는 것이

즐겁게 느껴졌습니다.

또 한 가지.

아마 대부분의 개가 그럴 거라 생각합니다만,

우리 개는 길 여기저기의 냄새를 맡고 멈춰 서곤 합니다.

줄을 휙휙 잡아당길 때는

냄새를 맡고 멈출 여유도 없겠지만요.

그 얘기를 아내에게 했더니,

"그건 사람이 경치를 구경하는 것처럼,

산책할 때 개의 즐거움 같아"라고 하는 겁니다.

"다른 개의 편지를 읽는 것 같은 일"이라고도 했습니다.

'개의 즐거움'이라는 말이

묘하게 마음에 들었습니다.

그러고 나서 산책을 나갔더니

킁킁거리며 '개의 즐거움'을 만끽하더군요.

그럴 때면,

아내는 개가 편지 읽는 걸 조금 기다려 준 뒤
"그래, 그래. 나도 잘 있어" 하고,
오줌으로 쓴 개의 편지를 대신 읽어 주고
그 자리를 떠납니다.

봄은 어디쯤

봄이 어디쯤 오는지,
매일 아침 지켜보고 있습니다.
의외로 한심한 장소에서도
이미 봄은 부지런히 오고 있습니다.
가령 맨홀 뚜껑 테두리 같은 데서 말이죠.

햄 같은

뭔가 햄 같다고 할까
소시지 같다고 할까
아니, 차라리 분실물 같다고 할까.
어째 좀 깁니다만,
이건 개입니다.

이웃집 할머니

아아, 아앗,
당신은 여신님!
"아뇨, 아뇨, 나는
그저 이웃 할머니입니다."
그렇습니까, 할머니였습니까.
"그런데 코가 까맣네요."
예, 까매요.

높은 곳에 공이

이런 곳에 공을 던지면
내가 주울 수 없잖아요.
던진 사람이 주워 와요.
책임을 갖고 던진 사람이 주워 와요.
공은 생명이라구요. 소중히 해 주세요.

누드

'정물'이라고 해도 좋겠습니다만,
굳이 '누드'라고 제목을 붙였습니다.
발달한 소뇌, 손질이 잘 된 이빨,
완두콩 냄새가 나는 발바닥,
마음껏 감상해 주세요.

얌전한 개

얌전한 개처럼 있습니다.

…….

………….

…….

………….

아, 맙소사, 잠이 들어 버렸네!

잔다는 것은

……밥을 기다릴 때는
자면 된다.
이름을 부르면 바로 먹을 수 있다.
산책을 기다릴 때도 자면 된다.
일어나는 순간 출발이니까.
잔다는 것은 좋은 것이다.

안냐세요

내가 먼저 침대에서
의자로 왔어요.
아빠 의자를 따뜻하게 해 두려구요.
아뇨 아뇨, 사실 그건 거짓말.
아빠가 산책 갈 준비하는 걸
여기서 지켜보고 있어요.

냅두세요

혼자 있고 싶을 때가 있어요.
괜히 울적해서는 아니에요.
내가 나에게 물어봐요.
너는 너여서 좋니?

오후에는

사람 엄마의 이불에
폭신폭신 안겨서 자고 있었더니,
아빠가 찾으러 왔습니다.
오후에는
이곳에 있을 때가 많거든요.

맨살은 얼룩 개

오랜만에 사람 엄마가 찍은
'아빠와 자는 브이용' 시리즈.
발이 붙어 있는 것이 포인트입니다.
또 흰색 개인 척하지만,
'맨살은 얼룩 개'란 것도 들통났군요.

소파에서 잠자기

찍힌 기억이 없는 사진 시리즈.
우리,
늘 이렇게 소파에서 자는구나.

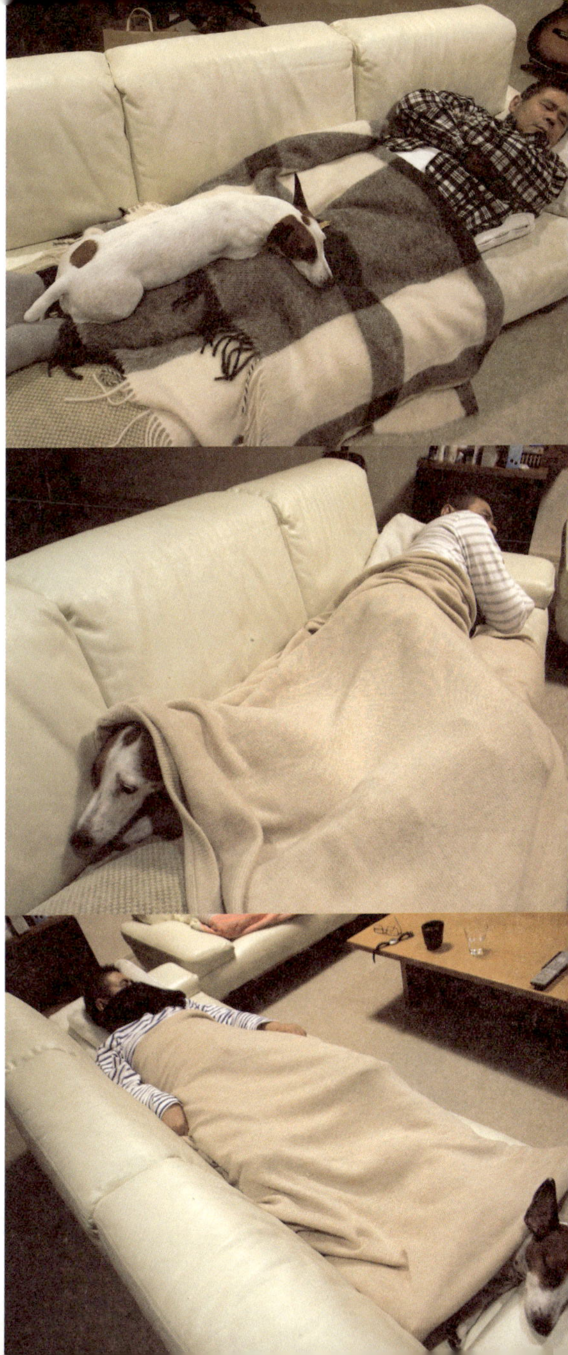

개가 히터에

따로따로 낮잠을 자고 있는 개와 바보.

그렇게 사람한테 달라붙던 개가
추워지면 히터에 달라붙는다.
브이용이 달라붙는 것을
'사랑'이라고 착각했던 사람은
조금 쓸쓸한 기분이 들겠지만,
꼭 그런 건 아니에요.

따뜻하게 해 줄게

아빠는 손을 덥히고
브이용은 몸 전체를 덥히지.
서로 도우며 서로 따뜻하게
사람과 워우워우~
브이용은 예이예이~
텔레비전을 봅니다.

기쁘고도 부끄러운

달력에 나왔다.
브이용이 나왔다.
아빠가 보여 주었지.
조금 부끄러웠어.

전속력

전속력!
토끼보다 빨라.
말보다 작아.
작고 빠르고
제법 사람을 잘 따라.
브이용과 함께 놀자구요.

민들레

민들레 꽃이
피어 있는 걸 보면
바람에 실려 날아가던
솜털의 작은 여행이 생각납니다.

민들레

멋진 사진 한 장을 꺼내도록 하죠!
이 사진을 나는 벽지로 쓰고 있습니다.
민들레를 보여 주었더니 먹어 버렸다?
좀 멍청한 우리 집 브이용입니다.

3년 전

3년 전 사진을 발견했습니다.
브이용이 아직 니코짱이던 시절.
병아리색 셔츠를 입은 아이도
지금은 어엿한 초등학생입니다.

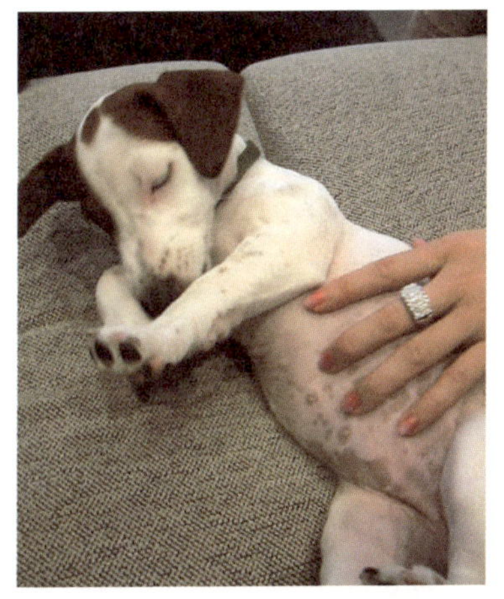

생후 3개월경

특별히, 번외편입니다.
브이용, 생후 3개월 무렵입니다.
롯폰기힐즈의 '호보히 출장소'에
니코짱이라는 이름으로
놀러 왔을 때의 사진이에요.

강아지일 때도 정말 귀엽지만,
지금이 훨씬
귀엽다는 사실

태어나서 몇 개월까지일까요,

개는 강아지의 시기를 보냅니다.

폭신폭신하고

포동포동하고

몸에 비해 머리가 훨씬 크고 코도 짧습니다.

걸을 때도 무방비 상태여서 곧잘 엎어지죠.

'귀엽다'는 말은

강아지를 위해 있는 것 같습니다.

이윽고 귀엽기만 했던 강아지는

개의 모습과 태도를 익히게 됩니다.

어떤 의미에서는 이제
다른 동물이라고 할 정도로 바뀝니다.
포동포동한 시절은
추억으로만 남아 있다는 느낌입니다.
우리 개의 경우,
근육이 선명하게 도드라지고
구멍에 파고들기 쉽도록
코가 가늘고 길어졌습니다.
움직임이 신중해지고
눈빛도 날카로워졌습니다.
침착해서 만만히 보면 안 될 녀석으로도 보입니다.

새하얀 털 아래 얼룩덜룩한 피부가 보입니다.

그런 변화를 주인인 우리는
웃으면서 얘기합니다.
친하니까 할 수 있는 놀림 같은 느낌으로요.
그런 얘길 하고 있을 때,
문득 아내가 말했습니다.
"그렇지만 난 지금의 브이용이 훨씬 귀여워."
맞아, 맞아.
내가 할 말을 먼저 하더군요.
브이용이 원래의 그 인형 같은

너무나 귀여운 강아지로

돌아갈 수 있다고 해도

우리는 분명 그렇게 되지 않기를 바랄 겁니다.

줄곧 함께 살면서 우리 쪽도 뭔지 모르지만

달라지기 시작한 것이겠죠.

다시마 의식

공원에서 돌아오면
가스렌지 위의 다시마를 담가 놓은 냄비에
불을 켜는 의식이 있습니다.
발을 씻지 않은 브이용은
사람 엄마한테 안긴 채 지켜보지요.
이 의식 덕분에
이 집에 된장국이 생긴답니다.

집 보기

사람 엄마가
아침 일찍부터 일하러 나갔습니다.
그래서 아빠와 집을 보는 중이죠.
소고기 한 점 주시려나.

아빠는 믹서

섞는 것은 아빠.
낫토라든가 달걀이라든가 마라든가,
섞는 것은
아빠의 일입니다.
오늘도 여전히 섞고 있습니다.

입이 크구나

접시에 담긴 밥을 먹는 것뿐이라면
이렇게 큰 입은 필요 없을 텐데.
조상들은 혹시
아주 큰 고래나 공룡을 물어뜯지 않았을까요.
네, 그럴 겁니다, 분명 그럴 겁니다.

시선

'호소한다'는 건 뭐지?
'부탁한다'는 건 어떤 거지?
그런 걸 생각하는 여러분에게
힌트가 되는 시선을 보냅니다.

달라붙는 개

아빠가 벗어 놓은
청바지나 파자마에
언제나 붙어 있습니다.
그럴 때 사람 엄마가
"브이용은 껌 딱지네" 하고
웃습니다.

어엿한 개

졸면서도 공은 놓지 않는다.
자면서도 공은 놓지 않는다.
그게 가능해지면
이제 한 마리의 어엿한 개라고 하죠.

무릎과 공

아빠의 무릎에 기대어
잡니다…… 공도 문 채로.
어떤 꿈을 꿀까요.

지압

피곤해서 축 늘어진 아빠의 등을
지압하고 있습니다.
정말입니다.
날 의심하는 거예요?

밤이 되면 뭐 하세요?

밤이 되면 잡니다.
아빠, 아직 깨어 있는데
뭐 하세요?
일?
에이, 또 '매콤짭짤 오징어' 먹는 거죠?

누워 있으니

기분 좋게 누워 있으니
아빠가 다가와서
사진을 찍네요.
예쁘게 찍어 주세요~.

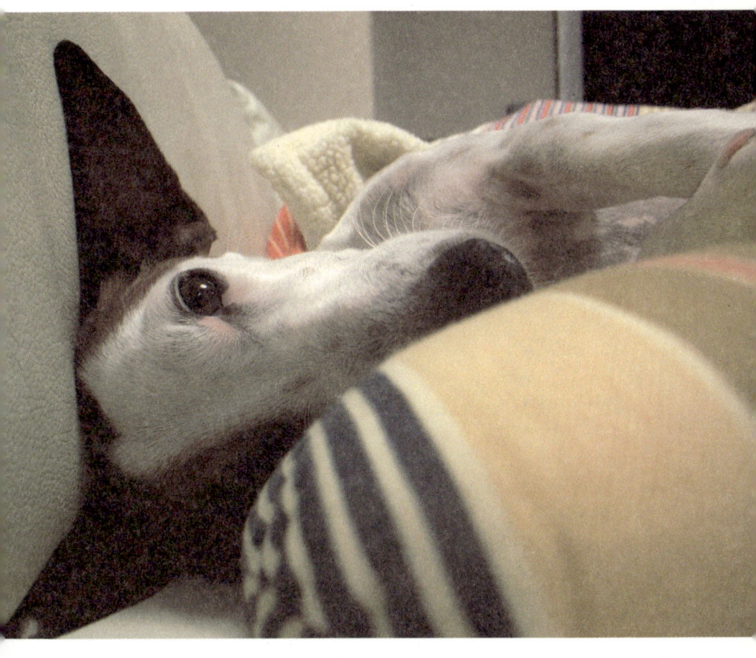

한밤중

한밤중에 갑자기 카메라를 들이대시네요.
민폐입니다요, 아버님…….

메리 크리스마스

평소 낮잠을 자는 쿠션에
빨간 타월이 깔리더니,
이런 사진을 찍어 버렸습니다.
'변덕쟁이 카메라'도
메리 크리스마스?

노래를 부르자

정이 많은 개는 결국
촬영에 협력했습니다.
노래를 부릅시다.
고-요오-한 밤—
거-루욱한 밤—
어어두움에—
묻힌— 밤.

고마워요

아빠가 생일 선물로 받은 옷.
"못 입으니까 브이용한테 줄게"하고
입혀 주었습니다.
확실히 아빠한테는
작겠더라구요.
그래서 받았습니다.

집 안에서만입니다

이렇게 뒤집는 것은
집 안에서만입니다.
아무리 편해도
다른 데 있을 때는
배를 보이지 않으려고 합니다.
배 쪽은 검은 얼룩 개거든요.

씹었나

턱을 올리고 있는 곳은
집 안에서 단 한 군데,
브이용이 씹은 의자 다리입니다.
어째선지 여기만 씹었습니다.
그것도 생후 반 년 정도였을 때의 일이에요.
이제는 아무 데도 씹지 않습니다.

간식 재촉

사람이 밥을 먹을 때
브이용은 자기 간식 앞에
얌전하게 앉아 있습니다.
이따금 사람 쪽을 돌아보며
모기만 한 소리로 주의를 끌며 재촉하면
사람도 깨닫고
간식을 조금 주곤 하죠.

행복한 그림

무방비 상태로 자는 개,
철책 없는 공원 잔디밭,
과일 가게 앞의 사과 더미,
어른에게 충치를 보여 주는 아이,
마냥 행복한 그림이다.

여기예요

여기예요, 여기라구요.
아빠, 여기예요.
브이용은 여기 있어요.
언제나 찾기 쉬운 장소에
이렇게 있다구요.

아하, 마지막이군요

"이걸로 마지막이야"라고 하면
개는 그 말을 이해합니다.
날이 갈수록 사람의 말을
잘 알아듣습니다.
정말이에요, 정말입니다.

저녁노을
브이용과 아빠가 본
도쿄의 저녁노을.
아마 이것이
올해 브이용과 함께 보는
도쿄의 마지막 저녁노을이겠죠.

'후기'를 대신하는 자그마한 인사

원래 『브이용의 기분』이라는 책은,
농담으로만 존재하던 것이었습니다.
호보 일간 이토이 신문에
'변덕쟁이 카메라'라는
제목으로 연재를 하는 동안,
사진에 첨부한 코멘트 아래
문득 '브이용의 기분(미간)에서'라고
가공의 서명을 적어 넣곤 했습니다.
워낙 개 사진이 등장하는 일이 많아서,
이런 책이 있다치고 사진을 찍으면
더 즐겁겠다고 생각한 거죠.

가공의 서명은 그외에도 몇 개나 있습니다.

생각나는 대로 적자면,

'브이용 청춘 시집(미간)'이라든가

'개 애창곡집(상세불명)'이라든가

'개가 하는 거짓말(불상)'이라든가

'개가 생각하는 다리(미간)' 등등입니다.

물론 그 가공의 책이 있다는 것은 재미일 뿐,

실제로 존재하지 않는다고 해서

곤란한 일은 전혀 없었습니다.

오히려 이 '브이용의 기분'이 나와 버린다면

좀 곤란하게 되겠지만요.

농담이란 걸 알고 있는 사람들이
"'브이용의 기분'을 출간해 주세요" 하는
목소리를 모아 준 덕분에,
정말로 나와 버렸습니다.
그렇지만 정말로 잘됐다고 생각합니다.
만드는 과정도 즐거웠고,
이런 희한한 책이 있는 것도
'뭔가 괜찮네' 싶은 생각이 듭니다.
이 책을 휘리릭 넘기다 보면
걱정거리라든가,
하지 않아도 될 고민 같은 걸 잊을 수 있습니다.

잊어버리는 편이 나은 일들을

잊을 수 있으니

그거 참 좋은 일이잖아요.

여러분과 여러분 친구들의 개에게

건강과 행운이 함께하기를.

호보 일간 이토이 신문

아빠 이토이 시게사토

옮긴이 권남희

일본문학 전문 번역가. 지은 책으로 『동경신혼일기』 『번역은 내 운명』(공저) 『번역에 살고 죽고』 『길치모녀 도쿄헤매記』가 있으며, 옮긴 책으로 『무라카미 라디오』 『무라카미 라디오2』 『빵가게 재습격』 『밤의 피크닉』 『퍼레이드』 『멋진 하루』 『마호로 역 다다 심부름집』 『부드러운 볼』 『채굴장으로』 『어제의 세계』 『공부의 신』 『애도하는 사람』 『달팽이 식당』 『카모메 식당』 『마녀배달부 키키』 『노래하는 고래』 외에 다수가 있다.

브이용의 기분.

펴낸날 초판 1쇄 2013년 4월 10일 지은이 이토이 시게사토 옮긴이 권남희 펴낸이 이주애, 홍영완 펴낸곳 윌북 편집 장정민, 주진형, 전수영 디자인 김진디자인 마케팅 김나영 출판등록 제 406-17호 주소 413-756 경기도 파주시 회동길 209 전자우편 willbook@naver.com 전화 031-955-3777 팩스 031-955-3778 ISBN 978-89-91141-85-8 03830

책값은 뒤표지에 있습니다. 잘못 만들어진 책은 구입하신 서점에서 바꿔드립니다.

犬はこび（ケージ）

たんぽぽ

いす

ヒーター

まきストーブ

しきもの

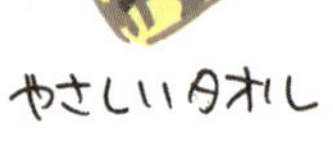

やさしいタオル

えだ

ハウス

ソファー

ブランケット

どうぶつ

パソコン